L'IMAGERIE ANIMALE

LES ANIMAUX DE LA SAVANE

POUR LES FAIRE CONNAITRE AUX ENFANTS DE 5 A 8 ANS

Conception
Émilie BEAUMONT

Images
Lindsey SELLEY

FLEURUS ENFANTS

ÉDITIONS FLEURUS, 11, rue Duguay-Trouin 75006 PARIS

L'ELEPHANT

L'éléphant est le plus gros des animaux terrestres. Il peut peser 7 tonnes et mesurer jusqu'à 3 mètres de haut. Il a une mauvaise vue, mais il sent et il entend très bien. Les éléphants se déplacent sans cesse, en troupeaux guidés par une femelle âgée, à la recherche de nouveaux végétaux et d'eau. Quand une rivière est asséchée, certains se mettent à gratter son lit. Si l'eau apparaît, le troupeau se regroupe et agrandit le trou pour boire. Les éléphants d'un autre troupeau ne pourront pas s'approcher : c'est la guerre de l'eau !

Éléphant d'Afrique avec son petit

L'eau est indispensable aux éléphants. Ils s'aspergent souvent et se roulent dans la boue pour se protéger des piqûres d'insectes et des brûlures du soleil.

L'éléphant d'Asie

L'éléphant d'Asie est moins gros que son cousin d'Afrique. Ses oreilles sont plus petites, et seul le mâle possède de magnifiques défenses, contrairement à l'autre espèce, où les deux sexes en ont.

La vie de l'éléphanteau

Maman éléphant n'a souvent qu'un petit à la fois. A sa naissance, l'éléphanteau pèse déjà 100 kg. Il est allaité pendant presque 2 ans. Protégé et élevé par ses parents, l'éléphanteau s'habitue petit à petit à obéir aux adultes, ce qui est très important lors des fréquents déplacements du troupeau.

Une trompe multifonction

La trompe de l'éléphant est un outil merveilleux : elle lui sert à la fois de tuyau d'arrosage (très utile lorsqu'il prend sa douche !), de main pour saisir les fruits ou les feuilles dont il se nourrit, de bras pour attraper un fauve menaçant et l'envoyer dans les airs ou pour porter des troncs d'arbres lorsqu'il travaille pour les hommes, de trompette lorsqu'il se met à barrir, c'est-à-dire à pousser son cri, et de nez pour respirer.

LE RHINOCEROS

Le rhinocéros est un des plus gros mammifères après l'éléphant. Son poids peut atteindre 3 tonnes ! Il n'a pas de poils, sauf au bout de ses oreilles et de sa queue. C'est un animal court sur pattes, mais cela ne l'empêche pas de courir très vite quand il se met en colère. A leur naissance, les petits rhinocéros n'ont pas de cornes et sont capables de marcher presque immédiatement. Leur maman les allaite pendant près de 2 ans, mais ils restent avec elle jusqu'à l'âge de 7 ans. Cet animal a été chassé très longtemps pour ses cornes.

Le rhinocéros aime l'eau et se vautre souvent dans la boue. En séchant, celle-ci forme une couche qui protège sa peau des piqûres d'insectes.

Le rhinocéros ne craint aucun animal. Sa grosseur imposante, sa peau épaisse et ses cornes très dures le mettent à l'abri des méchants carnivores comme le lion, en Afrique, ou le tigre, en Asie.

Le rhinocéros mange surtout des plantes et des arbustes.

Le rhinocéros se met parfois en colère

Le rhinocéros ne voit pas très bien et, en plus, il est gêné par ses cornes. En revanche, il entend parfaitement, et son odorat est très développé. Quand il est surpris par un bruit inhabituel ou quand une odeur qu'il ne connaît pas vient lui chatouiller les narines, il se met à charger en fonçant droit devant lui. Il heurte alors aussi bien un arbre, un buisson, qu'un camion qui passerait par là ! Il arrive que, pendant la saison des amours, des mâles se battent entre eux. Les combats sont violents et parfois un des deux mâles perd une corne.

Le rhinocéros indien

Contrairement à son cousin africain, le rhinocéros indien n'a qu'une seule corne, assez courte, sur son museau, et son corps est recouvert d'énormes plaques de peau épaisse. (Voir rhinocéros de l'image centrale.)

Des oiseaux amis du rhinocéros

Le rhinocéros se déplace souvent avec un ou deux oiseaux sur le dos. Ils ont un rôle bien particulier : en effet, ils débarrassent l'animal des mouches et autres petites bêtes qui pourraient l'agacer. Certains oiseaux sont aussi capables de le prévenir d'un éventuel danger.
Un des oiseaux qui est souvent perché sur le rhinocéros s'appelle le pique-bœuf.

L'HIPPOPOTAME

L'hippopotame est un gros pachyderme (c'est-à-dire un animal à peau épaisse) qui pèse entre 2 et 3 tonnes. Son odorat est bien développé et il a une bonne vue. Si les mâles se battent parfois entre eux, les femelles, en revanche, s'entendent bien et il arrive qu'une mère confie son petit à une autre. Il existe un hippopotame nain, souvent seul, qui vit plus dans la forêt que dans l'eau. Quand les hippopotames se déplacent en groupe, ils sont guidés par un vieux mâle, qui va choisir le meilleur endroit pour nourrir toute la troupe.

L'eau est vitale pour l'hippopotame

L'hippopotame passe sa journée dans l'eau. Il en sort à la tombée du jour, quand le soleil est moins brûlant,

pour aller chercher sa nourriture. Il mange des plantes et des herbes. L'eau est vitale pour cet animal, car sa peau ne supporte pas le soleil. Si l'eau de la mare dans laquelle il se vautre s'évapore, s'il ne lui reste plus le moindre espace de boue, l'hippopotame s'épuise et meurt, souvent attaqué par les hyènes qui sont toujours à l'affût.

Le bâillement de l'hippopotame

L'hippopotame a une très grande bouche, qui lui est très utile pour engloutir les jeunes plantes dont il raffole. Quand il ouvre sa gueule, on dirait qu'il bâille, mais c'est en fait pour impressionner ses ennemis. Il n'hésite pas à se servir de ses grosses dents lorsqu'il se bat avec un autre mâle.

En route pour une promenade

Hippopotame veut dire cheval d'eau. Il ne ressemble pas vraiment à un cheval, mais il est effectivement plus souvent dans l'eau que sur terre. Son petit, d'ailleurs, sait nager avant de marcher. Quand des crocodiles s'approchent, il monte sur le dos de sa mère pour être en sécurité, mais il n'y reste jamais très longtemps, car le soleil est trop brûlant. L'hippopotame nage, mais il se déplace aussi dans l'eau en marchant sur le fond de la rivière ! Il ferme ses narines et ses oreilles et il peut ainsi rester sous l'eau pendant plusieurs minutes !

LE GNOU

Pendant très longtemps, la savane africaine a été envahie par d'immenses troupeaux de gnous. Aujourd'hui, ils sont moins nombreux. Suivant le lieu où ils habitent, leur comportement est différent. Ceux qui vivent dans les régions humides sont divisés en troupeaux de mâles et en troupeaux de femelles accompagnées de leurs petits. Ils se déplacent très peu. Les gnous qui vivent dans des régions soumises à la sécheresse font ensemble de longs déplacements vers des territoires plus humides, où ils trouveront de l'herbe.

Sous haute surveillance

Le jeune gnou reste auprès de sa mère jusqu'à la naissance du suivant. Il naît à la bonne saison, lorsque l'herbe est abondante.

Il doit être bien surveillé, car les hyènes n'attendent qu'un moment d'inattention de sa mère pour l'attaquer.
S'il résiste aux périodes de sécheresse et aux fauves, le jeune gnou pourra vivre près de 20 ans.

Les grandes migrations

Quand les gnous se déplacent pendant les périodes de sécheresse, à la recherche de nourriture, ils forment de longues colonnes de plusieurs kilomètres. C'est un spectacle impressionnant !

Ils avancent tous, comme attirés par quelque chose. Rien ne les arrête. Ils traversent parfois des rivières profondes et, si un gnou a le malheur de trébucher en remontant sur la rive, il se fait monter dessus par les autres qui, indifférents, continuent leur chemin. De nombreux gnous meurent pendant ces déplacements, qui sont très épuisants : les troupeaux peuvent parcourir en effet de longues distances pendant des jours et des jours. Certains parcourent jusqu'à 50 km dans une journée, cela en fonction de l'herbe qu'ils rencontrent. Quand la saison humide revient dans la région qu'ils avaient quittée, ils font demi-tour.

Les ennemis des gnous

Leurs principaux ennemis sont les lions, les guépards, les léopards et les hyènes, qui s'attaquent surtout aux gnous blessés ou isolés.

LES GAZELLES

Ce sont des mammifères très gracieux, au corps élancé et aux longues pattes fines. Leur museau ressemble à celui des chèvres, mais il est plus allongé. Les gazelles ont une excellente vue. Elles vivent en troupeaux et se nourrissent d'herbes ou de buissons. Elles peuvent rester longtemps sans boire pendant les périodes de sécheresse. Quand un petit naît, sa mère le cache pour le protéger de ses ennemis, jusqu'à ce qu'il puisse se tenir debout. Elle va même jusqu'à boire son urine et avaler ses crottes pour ne laisser aucune trace de sa présence !

Pour protéger leur territoire, les mâles se livrent souvent des combats acharnés, au cours desquels les cornes sont souvent abîmées.

Prudence, prudence !

Lorsqu'un troupeau de gazelles désire se désaltérer, il s'arrête à plusieurs mètres du point d'eau. Un petit groupe s'approche de la mare, puis rejoint le troupeau. Il recommence plusieurs fois et, si aucun fauve ne se manifeste, l'ensemble du troupeau ira s'abreuver.

Les gazelles sont nombreuses !

Il existe une grande variété de gazelles, mais elles se ressemblent beaucoup. On arrive cependant à les différencier par la forme de leurs cornes. Les mâles ont des cornes plus longues que les femelles. Certaines, comme la gazelle représentée ci-dessus, ont des cornes toutes droites et non en forme de S, comme celles des autres gazelles de la page.

Attention, danger !

Les lions, les léopards, les hyènes et les guépards sont les prédateurs des gazelles qui vivent en Afrique. En Asie, elles sont attaquées par les loups et les tigres. Bien qu'elles aient de longues pattes pour courir vite, les gazelles ont du mal à échapper aux fauves. En effet, elles s'arrêtent souvent dans leur fuite et se retournent pour surveiller leur poursuivant, au lieu d'essayer de s'en éloigner le plus vite possible.

LE ZEBRE

Le zèbre ressemble à un petit cheval qui aurait enfilé un pyjama rayé blanc et noir.
Chaque animal a des rayures différentes, même si, apparemment, elles semblent identiques.
Les zèbres forment de petits groupes dirigés par un mâle qui les protège. Ils vivent souvent paisiblement avec d'autres animaux, comme les gnous ou les antilopes. Ils se partagent sans problème la nourriture, les zèbres préférant les végétaux plutôt durs, alors que les gnous et les antilopes préfèrent les pousses plus tendres.

Les combats de mâles

En général, les bagarres entre zèbres sont rares. Mais au moment des amours, pour conquérir une femelle, deux mâles peuvent se battre. Ils se dressent alors l'un contre l'autre et cherchent à se laisser tomber sur le cou de l'adversaire, les pattes en avant.
Les coups de dents et de talons ne sont pas exclus.
A la fin, le plus faible abandonnera et laissera la femelle au plus fort.

Attention aux fauves !

Quand les zèbres sont au bord de l'eau pour boire, ils sont en danger, car c'est souvent le moment que choisit le lion pour les attaquer.
Généralement, pendant que certains se désaltèrent, d'autres surveillent les alentours.
Lorsque les zèbres sentent la présence d'un fauve, ils n'ont qu'un moyen pour s'échapper : c'est la fuite. Paniqués, ils sont alors capables de courir à plus de 60 km/h.

La vie du petit zèbre

Le petit naît généralement pendant la nuit. C'est une proie rêvée pour les hyènes qui rôdent souvent autour du troupeau. Mais la mère protège son petit. Elle l'oblige à se lever très vite et à trotter auprès d'elle.

Une femelle devient adulte à l'âge de 2 ans. Elle quitte alors sa famille et part à la recherche d'un autre groupe. Elle y rencontrera un mâle, avec lequel elle formera à son tour une famille.

LA GIRAFE

La girafe est l'animal le plus haut de la Terre. Elle a un grand cou et une petite tête toute fine surmontée de deux cornes.
Les girafes vivent en troupeaux pour mieux lutter contre leur ennemi : le lion.
Elles marchent en balançant leur cou d'avant en arrière. Elles sont souvent entourées de zèbres ou de buffles, qui n'ont pas peur d'elles, car ce sont des animaux plutôt calmes et tranquilles.
Quand un danger survient, elles s'échappent en courant. Malgré leur grande taille, elles se déplacent vite et sont capables d'atteindre 50 km/h.

Naissance d'un girafon

Quand son petit est prêt à naître, la girafe ne se couche pas, elle reste debout. Le pauvre girafon tombe de haut, mais, en général, il ne se blesse pas. Maman girafe le lèche aussitôt pour le rassurer et l'aide à se relever. Dès que son petit peut marcher, elle le cache dans des broussailles, à l'abri des lions. Elle l'allaite plusieurs fois par jour, mais, très vite, le girafon grignote des feuilles ! Si un ennemi s'approche, maman girafe se fâche et donne des coups de sabots qui le font fuir. Le girafon est le seul bébé animal à naître avec des cornes déjà formées sur sa tête.

Un long cou très pratique

Grâce à son cou et à ses hautes pattes, la girafe peut atteindre les feuilles situées au sommet des arbres. Elle adore les feuilles d'acacia. Sa langue est si longue que la girafe est obligée de l'enrouler pour pouvoir la mettre en entier dans sa bouche !

Une drôle de position pour boire

La girafe a des pattes plus longues que son cou, et ce dernier, très rigide, ne se baisse pas facilement. Elle est donc obligée d'écarter ses pattes de devant pour boire. Cette drôle de position n'est pas très pratique pour se défendre contre une lionne qui se promènerait dans les parages. De ce fait, la girafe boit rarement seule !

LE CROCODILE

Le crocodile fait partie de la famille des reptiles, comme les serpents et les lézards. Certains ont une taille impressionnante : ils mesurent jusqu'à 6 mètres de long et pèsent une tonne !
Le corps du crocodile est protégé par des écailles très épaisses sur le dos et plus fines sur le ventre.
Il sort de l'eau au lever du jour pour prendre son bain de soleil. Quand il fait trop chaud, il se met à l'ombre, ou il replonge dans l'eau.
Au moment des amours, les mâles peuvent se livrer des combats très violents.

Le crocodile pond des œufs

La femelle prépare son nid dans le sol, en creusant un trou. Elle pond ses œufs, puis les cache en les recouvrant de sable, de brindilles et de plantes. Elle s'installe ensuite à

côté pour les surveiller attentivement, préférant même ne pas s'éloigner pour se nourrir. Quand ils naissent, les petits se manifestent par des cris, pour inciter leur maman à enlever la terre qui les recouvre. Ils apprennent avec elle à attraper des poissons, de petits rongeurs et des crabes.
Ils grandissent très vite.

C'est un excellent nageur

Le crocodile est bien adapté à la vie dans l'eau : ses oreilles et ses narines sont situées assez haut sur son crâne. Quand il est dans la rivière, ses yeux se recouvrent d'une paupière transparente, protectrice, ce qui lui permet de voir comme à travers un masque de plongée. Il nage très vite en faisant bouger sa queue. Quand il est au milieu des herbes, on a du mal à le distinguer : il ressemble à un gros tronc d'arbre.

Un crocodile mangeur de poissons

Le crocodile s'attaque en général à n'importe quel animal, gros ou petit, qui a le malheur de venir s'abreuver au bord de sa rivière. Il saisit ses proies par une patte ou par le museau avec ses terribles mâchoires. Certains crocodiles, comme celui dessiné ci-dessus, ont une gueule très fine et allongée, un corps plus long et plus étroit, ce qui leur permet d'attraper n'importe quels poissons, même les plus rapides. Bien qu'il ait de redoutables dents, le crocodile avale sa nourriture sans la mâcher.

LES COBRAS

Le terme cobra désigne les serpents qui gonflent leur cou lorsqu'ils se sentent en danger pour impressionner leurs ennemis. Ils mesurent en général 2,60 mètres de long, mais certains, comme le cobra royal, qui ne mange que des serpents, atteignent 5 mètres de long. Le cobra a une très mauvaise vue et ses yeux sont recouverts d'une écaille transparente qui lui donne un regard fixe. Quand il est en colère, c'est un des seuls serpents capables de ramper tout en dressant sa tête et son cou.

La femelle pond entre 8 et 20 œufs dans un trou. A leur naissance, les jeunes serpents mesurent environ 25 cm.

La mangouste est l'ennemie du cobra

La mangouste a une technique particulière pour attraper le cobra : elle le fatigue en sautant plusieurs fois devant et derrière lui. Le cobra est alors obligé de se dresser continuellement, en position d'attaque (voir dessin). En général, la mangouste le saisit au niveau de la nuque et elle ne le lâche que lorsqu'il se décide à abandonner le combat.

Les serpents chassent surtout la nuit

Les cobras mangent surtout les petits rongeurs, comme les rats et les souris, mais ils ne dédaignent pas non plus les crapauds et les oiseaux. Certains cobras, comme ceux d'Afrique du Sud, avalent des serpents. Si leur nourriture préférée vient à manquer, les cobras se contentent de quelques gros insectes ou même de poisson pour certains d'entre eux.

Le cobra est un serpent dangereux

Si un homme dérange un cobra, ce dernier, se sentant menacé, essaiera peut-être de fuir. Mais il pourra aussi dresser sa tête et gonfler son cou, en cherchant à mordre. Le venin du cobra est redoutable, car il a un effet paralysant. Le cobra cracheur, quant à lui, est capable de projeter son venin à plus de 2 mètres !

LE VAUTOUR

Le vautour est un très grand rapace, c'est-à-dire un oiseau carnivore (il mange de la viande), au bec crochu et aux griffes très développées. Ses ailes sont immenses, mais, comme il est très lourd (il pèse environ 7 kg), il a du mal à voler s'il ne se sert pas des courants d'air chaud, comme le fait le pilote d'un planeur (c'est un avion qui vole sans moteur). Ces courants lui permettent de s'élever dans le ciel. Ensuite, il peut planer tranquillement, à la recherche de ses proies.
Le vautour n'a pas un beau cri : il siffle et grogne plus qu'il ne chante.

Les vautours sont les éboueurs de la nature

Les vautours sont surnommés éboueurs, car ils débarrassent la nature des cadavres d'animaux. Ainsi, cela empêche certaines espèces nuisibles, comme les mouches à viande, de se développer. Ce sont donc des animaux utiles, malgré leur aspect inquiétant. Quand les vautours ont repéré une proie, ils l'encerclent très vite, et les plus forts d'entre eux se servent d'abord, ne laissant que des miettes aux plus faibles. Quand ils ont terminé leur repas, il ne reste que des os.

Un seul petit dans le nid

Le vautour construit son nid quelquefois dans les arbres, mais le plus souvent dans un trou de rocher. La femelle pond en général un seul œuf, d'où sort un oisillon tout couvert de duvet. Son plumage ne commence à apparaître que vers l'âge de deux mois.

Un cou déplumé

On reconnaît le vautour à sa tête et à son cou déplumés. Cela lui permet de fouiller sans difficulté dans les restes d'animaux morts. Cet oiseau a une très bonne vue et il est capable de repérer de très loin un animal mort ou d'autres vautours qui se partagent une proie. Son bec crochu lui sert à arracher la chair des charognes (animaux morts).

LE CHACAL

Le chacal fait partie de la même famille que le chien, le loup et le renard. Aujourd'hui, les chacals vivent surtout en Afrique.
Ils s'alimentent en général la nuit et n'hésitent pas à pénétrer dans les villages pour chercher de la nourriture dans les poubelles lorsqu'ils ne trouvent rien d'autre à manger. Chaque couple de chacals vit sur un territoire bien délimité, qu'il défend contre les autres. Les combats entre les différents groupes sont rares, chacun respectant le terrain des autres.

Les chacals attrapent aussi des oiseaux, des lièvres, des souris, des lézards et des insectes. Quand un chacal ne peut pas manger sa proie immédiatement, il l'enterre.

Les chacals mangent les restes laissés par les fauves !

Les chacals se nourrissent des restes des proies abandonnées par les fauves. Ils sont capables de chasser aussi des animaux vivants, comme les jeunes gazelles. Regroupés en meute, ils poursuivent le pauvre animal pour le fatiguer, puis ils lui sautent dessus et le mordent à la gorge ou au ventre.

Les petits sont très espiègles !

La femelle creuse un terrier au moment de mettre bas, c'est-à-dire quand les petits vont naître. Elle a en général entre 2 et 7 chiots à la fois. Quand ils naissent, les petits sont sourds et aveugles. Ils deviennent très drôles lorsqu'ils ont faim : ils se mettent à geindre, à se rouler par terre en remuant la queue, ou à se frotter contre le museau de leurs parents. Devenus plus grands, ils s'amusent beaucoup et apprennent, en jouant, à se battre et à chasser.

TABLE DES MATIÈRES

ISBN : 2-215-03-007-0

Dépôt légal : octobre 1992
Imprimé en Italie.